BEHIND THE TREE BACKS

BAKOM TRÄDET RYGGAR

ISBN 978-1-946433-90-9
First Edition, First Printing, 2022

Ugly Duckling Presse
The Old American Can Factory
232 Third Street #E-303
Brooklyn, NY 11215
www.uglyducklingpresse.org

Distributed in the USA by SPD/Small Press Distribution
Distributed in the UK by Inpress Books

Cover design by Sarah Lawson and Kyra Simone
Typesetting by Sarah Lawson
The type is ITC Galliard and Franklin Gothic

Printed and bound by McNaughton & Gunn
Covers printed letterpress at Ugly Duckling Presse

The cost of this translation was defrayed by a subsidy from the Swedish Arts Council,
gratefully acknowledged. The publication of this book was made possible, in part, by a
grant from the National Endowment for the Arts, and by the support of the New York
State Council on the Arts with the support of the Office of the Governor and the New
York State Legislature.
This project is supported by the Robert Rauschenberg Foundation.

BEHIND THE TREE BACKS

Iman Mohammed
translated from Swedish by Jennifer Hayashida

Ugly Duckling Presse
Brooklyn, NY

Brain tissue unwillingly ornamenting the greenery:
hortensia, ambra tree, hibiscus, dahlia.

Milk teeth of hegemony.

Slice bread at night, star particles arrayed. My feet
unsteady on the floor. Exist on an orb adrift in black ocean.

I see clothes fluttering along the streets, nearly animate. Evoking bygone nights and glances. Now they are showing images of solitary houses. The days still feel calm, movement of feet beneath the blanket, dead, living.

Body is sewn into steel handed out by water bordering the grass, in the boots such blue feet.

Beautiful children in their wool sweaters
seagulls near a seemingly deserted pool
desolation in a downpour of popular culture
children are monuments in the open field of grass.

Children sit on the floor and eat ice cream, blacked-out summer heat in front of the TV. Cream runs through the slits of their hands.

They lie bent in sleep and their breathing is rapid. Comfort of watching the stomach's living movements.

In the hovering house, feverish delirium made the sister glow, the others bent over her bed. To water flowers became survival instinct. A few days earlier a park was visited, thereabout, plump shrubs.

The sister's hair glossy near the school building
architectonically planned to enhance
the worried one's placement in the room
a few classmates surrounded
the pink meat, rows inside the mouth
blood ran like quivering Rorschach.

Sandbox time, the tall spine's time, snowballs roll down slopes, laughter behind backs, that time, find hiding places in locker rooms, be mocked for beautiful hair on the arms, that time, years carried the screaming child forward, it was an interminable time.

Sibling beds vibrate their presence. Brain goes numb at the bus stop.

Daydreams transform at night, beneath pillows. Buildings change according to certain gazes, buildings stagger in the rain.

succade
ginger
azure
cyan

The broken sun, its absence of shadow. People pass while I lean against magenta greenery, sanctuaries. Smear my blood across the sculptures' foreheads.

I search for poisonous plants, they will break apart the light, light can cut my eyes in a single breath. Detours to school, past the neighbor's garden overflowing with swollen plums, secreted yellow liquid, sticky gloss. Behind the tree backs, arched varyingly.

Photograph of an army of trees to the right left covers the sky
the freezer is defrosted, water rises in bowls
plants float in containers, pale brown nerves
evolution unfolds, wants to shatter glass
I feed the foxes, fatten them up
their red glows in gray haze
sketch a snow castle to shelter my mothers.

Eyes flit from walls to trees, smoke trickles through nostrils. Defense mechanism inhales and gives off a protective light. Legs cry out to be caressed, held by folds of jeans. Look at myself in the window's reflection, smooth hair back. Hammering, thoughts move away from here, lashes collect on cheeks.

Antique creatures pumped up with Carrara marble. Shadow of the nose forced straight out into nothing. A shift inside the building.

When darkness hovers above all the apartments and stores it hits the head and runs down shoulders, lips begin to throb at a strange rate. Head is tilted left, a hand blows a kiss to someone who says see you later.

Blood rushes in a dance, trance inside atoms. I place my hands behind my head and walk through the park, in one dimension I am bored, in another I beg for my life. Weight of the trance bores down into my feet and comes to an exquisite rest.

The searching camera casts the evening sky light-green
airplane eye scans houses and trees, cattle
the grid, its lines create focus
shadow of a body glimpsed between houses
a missile grabs hold of the body and surrounding landscape.

Cold all around, all around aura
lashes spark upon dreaming
thought patterns flood
stream beneath beds
drops tear up behind dawn
drones stain themselves the sea
sacred sea and sun.

The child's blackblue sapphires hover above the adult's face, beneath it veins. Fingers pass cookies, wet wipes, M1 Abrams, milk. Firmly a child is held by the right hand while the left opens the door to a house. After forty days the little one stopped screaming. Hand in hand with the conclusion of the air offensive.

Like roses so young in the ground
the ground felt gratitude in it grew the roots of sons
braided together with names and mothers
who on beds wished that tears would rinse away the sorrow
that the same earth could inhale a mother's body
heavy with the anguish of loss
it is a piece of clothing melting into skin.

Sky of silence
opens doomsday jaws above ethereal body
eager to discover the unacknowledged
eternally living.
Approach the shadows of branches
they express a careful satisfaction
place of refuge did not hold the expected.

The flood is urged on by circular movements, it tells of all the survivors and their backs.

In the kitchen. Hit my face while she rings the door
her lashes between the blinds.

Blinds draw white lines on your body
you put down the coffee cup, begin to hit
my legs you created I run
away from the strings of the door
shoelaces curl on the ground
chafing of childhood thrown behind a bush raised near a wall
never shadowed.

Plates against walls, sharp noise stabs the ears like knives. Unpleasant greenery during summer, emerald green straightens its spine, wants to climb in through all the windows.

Behind us
whirls of the storm burst
stuffed peppers cook apart.

Pink marble, chubby fingers, gravel in shoes, pockets, on sheets, in cupboards, snow on coats, park benches, in hair. Too-small sweaters in the closet.

Watermelon and feta, end of war, the erotic night.

It is a vegetation that will not bend, its movements are a self-fulfilled illusion in the viewer.

We walked through tunnels filled with stone, lay down by every blanket of sand. Your tongue licked my aching neck. The water's colors shimmer on crystal-pale cheeks, sun sparkles. My lungs surrounded by pumping veins. You dreamt of lava plates that formed a descending staircase. Vertigo drops me into green water.

In a universe of frequencies mormor calls to her grandchild whose
lips are dripping with gloss, her hair in two loose braids like farmor,
rides an elevator filled with other
teenagers. Her cheeks sting and the elevator explodes with light.
When you grow older such things no longer happen.

The backs have stopped talking to each other in silent agreement, the large blanket is fluffed even more.

Drunk in bluewhite light. The rain's silhouette glitters in fountain. Birds hover in silence, sleepy survivors. Want to call the embrace, men move along store windows. Gravel swirls, every surface wears a face owned by orgasm.

Fire and ground caress each other, a loop of pleasure from
several days ago and the fan becomes ornament in the ceiling.
Extraterrestrial noodle soup drips onto my breasts, I scrub through
the skin into another sphere, close my eyes on the wavy couch.
Want to enter the time I see myself touching.

In the draft between doors oxygen can be heard breathing heavily glasses are raised and wine runs down on toenails, convergences undertow of hair beneath water.

A rug in the living room, it depicts flowers and rectangular shapes. Colors enter one another, the movement of shoulders warms its threads further.

Fire and black sky

Anguish twists the little heart when you recall your body in flames during the playful act

Fire and yellow sky

It is a cry with four voices tightly composed into one.

To hold your hair gather it from the floor see it grow, can you let me hold your hair gather it from the floor see it grow, she said to me the other day, felt like the hair never stopped growing and it made us happy, we could approach each other through different haircuts, her hair fell onto her toes, the sound of scissors lopping off with a brief but intense force, your hair is so thick how can it be so thick, when you were little I always cut your hair short, liked how it framed your jaw, when I washed your hair I gathered it into a bun and held it tight, you said it hurt and felt good at the same time, my mother taught me that motion, she said the blood would flow faster and make the hair grow stronger.

Everything comes to rest inside night, a face that remains the same during the day undergoes several shifts in the dark, different passages, at some point face and river meet near the underworld, rippling and crickets, specific meals, a hand instructing in how to make kobe, you place the rice in your palm and shape it like a bowl, where you put the shredded meat, glistening little legs dangle and wait for a ride to school, spiders climb over your head, body falls through a building creates a tingling sensation in the stomach and your eyebrows are alternately raised and lowered, cold sand after summer, pupils beneath thin eyelids move as if possessed, Mesopotamian sculptures float in the water, they suddenly rise and begin to walk toward land, lips sometimes smile in deep sleep, the body is slack yet the face possesses thousands of nerves wanting to speak to it all.

Swim in a river where jewelry was thrown, threw my heart in the water, swim alongside crushed love, throw the heart onto my back, it clings to my shoulders, throw myself into the water, a match is thrown into a bottle.

You need to get through the water to reach the end point's glittering, golden like the block of recollection, do not be afraid of its weight. It is true that foxes laugh at us, we blow up beautiful memories and mourn only the nearest, what will happen to all the scalps, bewildered bluepurple hue becomes pink now luminous redorange.

Loop of red water runs down streams
up white marble stairs
the audience sits, crowds in lines outside
the invention, indelible streaming
movement, what happens, what
is taken back, what was taken back happens again.

The trees weep with joy when she comes home at dawn without having been attacked, sharp scent of rose in each breath carrying her uphill toward the tall apartment buildings whose spines proudly hold the people inside the buildings.

Distortion of time, she climbed the walls and stopped by a corner she was not possessed she possessed me, I belong to her there is a painful song that always speaks the truth.

The positions of backs make me walk beneath the unpleasant moon, hand embraces the key bloodily. I fill myself with tears but that emptiness is fuller. My coat is under constant threat. Its red color rubs against my neck and I dream of touching myself. Whose teeth glow brightest at midnight and dawn.

Storm screams in my brain, must break something to pieces, there is a membrane that carries me as I bicycle down the hill, its cerise sheen tells of the place where I came to be, skeleton expanded beneath the pillar that came to bear my name.

Newborn hyacinths scream. Carry rocks and place my eyes beneath, swear an oath before all living things. Twist my neck and weep through the curtain of tears. See the one who retreated and became pure, pazuzu is on the walls. My spine stops growing and sees it all. Embryo of beginning near a pile of rocks, my gaze beneath.

Star particles flow from the rug, it was named in futuristic
Rawanduz. There, I place my aroused bodies. The river is the
blood is the child's skin filled to the limit.

Legs bent like tears. Dressed in pants of dense threads, hear rain fall against gigantic leaves, drums demand their silence. The neck wears perfume, evokes invisible blazing. Beneath moonlight we quiver with pleasure, for a fraction of a second we are all free.

I hold my hands like previous generations. Move beneath the tank, my body beneath the bed, dream and am dead in the dream, sleep and dream living and dead, I dream and am dead in the dream.

It is a position on the chair or couch that makes fluttering nerves fall like sheer sheets over the brain and you are thrown back to how the little one eats pickled mango with egg and tomatoes outside the house. Food in the mouth. An aureole settles all around.

BAKOM TRÄDET RYGGAR

Iman Mohammed

Ugly Duckling Presse
Brooklyn, NY

Hjärnsubstanserna som ofrivilligt besmyckade det gröna:
hortensian, ambraträdet, hibiskusen, dahlian.

Hegemonins första tänder.

Skär bröd i natten, stjärnpartiklar uppställda. Mina fötter ostadiga på golvet. Existerar på ett klot som svävar i svart hav.

Jag ser kläder fladdra längs gatorna, nästan besjälade. De påminner om förflutna nätter och blickar. Nu visar de bilder på ensamma hus. Dagarna känns ändå stilla, fötternas rörelser under täcket, döda, levande.

Kroppen sys in i stålet som delades ut vid vattnet på gränsen mot gräset, i stövlarna så blå fötter.

De vackra barnen i sina yllekoftor
måsarna intill den till synes öde bassängen
ödsligheten i det populärkulturella regnet
barnen är monument på den öppna gräsytan.

Barnen sitter på golvet och äter glass, en mörklagd sommarhetta framför teven. Grädden rinner genom händernas springor.

De ligger böjda i sömn och andningen är snabb. Tryggheten i att betrakta magarnas levande rörelser.

I det svävande huset, feberyrseln gjorde att systern lyste, de andra böjda över. Att vattna blommor blev överlevnadsinstinkt. Några dagar tidigare hade det gjorts ett besök i parken, runtomkring, fylliga buskar.

Systerns hår glänste intill skolbyggnaden
arkitektoniskt planerad att förstärka
den oroliges placering i rummet
några skolkamrater omringade
det rosa köttet, raderna inuti munnen
blodet rann som darrande rorschach.

Sandlådans tid, den utsträckta ryggradens tid, snöbollar rullas nerför backar, skratt bakom nacken, den tiden, hitta gömställen i omklädningsrum, bli uthängd för det vackra håret på armarna, den tiden, åren bar det skrikande barnet framåt, det var en oändlig tid.

Syskonsängarna vibrerar fram sin närvaro. Hjärnan domnar bort på busshållplatsen.

Dagdrömmarna omvandlar sig i natten, under kuddarna. Byggnaderna formar sig utifrån somligas blickar, byggnaderna vinglar i regnet.

suckat
ingefära
azur
cyan

Den brutna solen, dess brist på skuggor. Människor går förbi medan jag lutar kroppen mot den mörklila grönskan, helgedomarna. Stryker mitt blod över skulpturernas pannor.

Jag letar fram de giftiga växterna, de ska bryta isär ljuset, ljuset kan skära sönder mina ögon i ett andetag. Omvägarna till skolan, förbi grannens trädgård, den svämmade över av svullna plommon, utsöndrade gul vätska, klibbig glans. Bakom trädet ryggar, olika grader av böjningar.

Fotografiet på en armé av träd till höger vänster täcker himlen
frysen frostas av, vattnet höjs i skålarna
växter flyter i behållare, ljusbruna nerver
evolutionen vecklar ut sig, vill spränga glaset
jag matar rävarna, gör dem feta
deras röda färg lyser i grått dis
skissar på snöslottet som ska skydda mina mödrar.

Ögonen rör sig hastigt från väggar till träd, röken sipprar ut genom näsborrar. Försvarsmekanismen andas in och ger ifrån sig ett skyddande ljus. Benen skriker efter smekning, jeansens veck omfamnar. Betraktar mig själv i fönstrets reflekterande, slätar håret bakåt. Hamrande rör sig tankar bort från den nuvarande platsen, ögonfransar samlar sig på kinderna.

Antika varelser pumpade med carraramarmor. Näsans skugga drivs rakt ut i intet. En skiftning inuti byggnaden.

När mörkret svävar över alla lägenheter och butiker träffar det huvudet och rinner nerför axlarna, i en underlig hastighet börjar läpparna dunka. Huvudet är böjt åt vänster, en hand ger luftkyss åt någon som säger vi ses.

Blodet rusar i en dans, trans inuti atomerna. Jag lägger händerna bakom huvudet och går igenom parken, i en dimension är jag uttråkad, i en annan ber jag för mitt liv. Transens vikt borrar sig ner till fötterna och vilar sedan utsökt.

Den sökande kameran gör kvällshimlen ljusgrön
flygplanets öga rör sig över hus och träd, boskap
rutnätet, dess linjer skapar fokus
kroppsskuggan skymtas mellan husen
missilen tar tag i kroppen, den omgivande naturen.

Kyla runtom, runtom aura
ögonfransarna sprakar vid dröm
översvämmande tankemönster
det forsar under sängar
droppar tåras bakom gryningen
drönar fläckar sig havet
heligt hav och solen.

Barnets svartblå safirer svävar utanpå den vuxnas ansikte, därunder ådror. Fingrarna drar förbi kakor, våtservetter, M1 Abrams, mjölk. Stadigt hålls barnet i höger hand medan den vänstra öppnar dörren till huset. Efter fyrtio dagar slutade den lilla att skrika. Hand i hand med luftoffensivens slut.

Som rosor så unga i marken
tacksamhet kände marken i den växte sönernas rötter
sammanflätade med namn och mödrar
som på sängar önskade att tårarna kunde skölja undan sorgen
att samma jord kunde inandas moderns kropp
tung av förlustens ångest
det är ett klädesplagg som smälter in i huden.

Tystnadens himmel
öppnar domedagskäftar ovanför eterisk kropp
ivrig att upptäcka icke erkända
evigt levande.
Närma sig grenarnas skuggor
vilka ger ifrån sig ett försiktigt avnjutande
trygghetens plats var inte det väntade.

Floden drivs av cirkulära rörelser, den berättar om alla överlevande och deras ryggar.

I köket. Slår mig i ansiktet medan hon ringer på
hennes ögonfransar mellan persiennerna.

Persiennerna bildar vita linjer på din kropp
du ställer ifrån dig kaffekoppen, börjar att slå
mina ben du skapat jag springer
undan dörrens strängar
skornas snören rullar sig i marken
barndomens skavande kastades bakom buske odlad intill mur aldrig
skuggad.

Tallrikar mot väggarna, det vassa ljudet hugger som knivar i öronen. Obehaglig grönska när det är sommar, det smaragdgröna sträcker ut sin ryggrad, vill klättra in genom alla fönster.

Bakom oss
stormens inre virvlar slår ut
de fyllda paprikorna kokar sönder.

Rosa marmor, knubbiga fingrar, grus i skor, fickor, på lakan, i skåp, snö på kappor, parkbänkar, i hår. För små tröjor i garderoben.

Vattenmelon och fetaost, krigets slut, den erotiska natten.

Det är en växtlighet som inte böjer sig, dess rörelser är en
självuppfylld illusion hos betraktaren.

Vi gick igenom tunnlar fyllda med sten, la oss ner vid varje sandtäcke. Din tunga slickade min värkande nacke. Vattnets färger skimrar på de kristallbleka kinderna, solens glitter. Mina lungor omringade av pumpande ådror. Du drömde om lavaplattor som bildade en devalverande trappa. Yrsel tappar mig i det gröna vattnet.

I ett universum av frekvenser ropar mormodern på barnbarnet vars läppar droppar av läppglans, hon har sitt hår i två luftiga flätor som farmodern, hon tar bergshissen full med andra tonåringar. Hennes kinder svider och hissen exploderar i ljus. När man blir äldre sker inget sådant längre.

Ryggarna har slutat tala med varandra i en tyst överenskommelse, det stora täcket fluffas till ännu mer.

Berusad i det blåvita ljuset. Regnets silhuett glittrar i fontän. Fåglar svävar i tystnad, sömndruckna överlevare. Vill ringa omfamningen, män rör sig längs med skyltfönster. Gruset snurrar runt, varje yta bär på ett ansikte ägt av orgasmen.

Mark och eld smeker varandra, en loop av njutning från flera dagar sedan och fläkten blir ornament i taket. Utomjordisk nudelsoppa droppar på brösten, jag skrubbar genom huden in i en annan sfär, blundar på den vågiga soffan. Vill inuti den tid jag ser mig själv röra vid.

I korsdraget mellan dörrarna hörs syret andas tungt
glasen höjs och vin rinner ner på tånaglar, skärningspunkter
hårets strömningar under vatten.

Mattan i vardagsrummet, den illustrerar blommor och rektangulära former. Färger kommer inuti varandra, axlarnas rörelser värmer trådarna ytterligare.

Eld och svart himmel

Ångesten vrider om det lilla hjärtat när man minns sin kropp i elden
mitt under den lekfulla akten

Eld och gul himmel

Det är ett rop med fyra röster tätt komponerat till en enda.

Att hålla i ditt hår samla ihop det från golvet se det växa, låter du mig
hålla i ditt hår samla det från golvet se det växa, hon sa det till mig
häromdagen, det kändes som att håret aldrig slutade växa och det
gjorde oss lyckliga, vi kunde närma oss varandra genom de varierande
klippningarna, håret föll på hennes tår, ljudet av saxen som med en
kortvarig men intensiv kraft kapade av, ditt hår är så tjockt hur kan det
vara så tjockt, när du var liten klippte jag alltid ditt hår kort, tyckte om
hur dina käkben såg ut bland det korta, när jag duschade ditt hår
samlade jag ihop det till en knut och höll i det hårt så att det gjorde ont
och var skönt samtidigt sa du, min mamma lärde mig den
handrörelsen, hon sa att blodet skulle flöda snabbare och göra så att
håret skulle växa sig starkare.

Allt stannar inuti natten, ett ansikte som är detsamma på dagen genomgår ett flertal skiftningar i mörkret, det handlar om olika passager, vid något tillfälle möter ansiktet floden invid dödsriket, porlandet och syrsorna, de specifika maträtterna, en hand som lär en göra kobe, *du lägger riset i din hand och formar den som en skål, där placerar du det strimlade köttet,* små glänsande ben som dinglar och väntar på skjuts till skolan, spindlar som klättrar över huvudet, kroppen som faller igenom en byggnad ger en ilande känsla i magpartiet och ögonbrynen höjs och sänks om vartannat, den kalla sanden efter sommaren, pupillerna under de tunna ögonlocken rör sig som besatta, mesopotamiska skulpturer flyter i vattnet, de reser sig plötsligt och börjar gå mot land, läpparna ler stundtals i den djupa sömnen, kroppen är slapp men ansiktet besitter tusentals nerver som vill tala till alltet.

Simmar i floden där smycken kastades, kastade mitt hjärta i vattnet, simmar intill krossad kärlek, kasta hjärtat på min rygg, den klamrar sig fast på axlarna, kastar mig i vattnet, tändstickan kastas i flaskan.

Du måste ta dig igenom vattnet för att lyckas nå slutpunktens glittrande, den är gyllene som erinringens block, var inte rädd för tyngden. Det är sant att rävarna skrattar åt oss, vi spränger vackra minnen och sörjer endast det närmaste, vad kommer att hända med alla skalpar, förvirrade blålila nyans övergår till rosa nu lysande rödorange.

Loopen av rött vatten forsar ner forsar
uppför den vita marmortrappan
publiken sitter, köande skaror utanför
uppfinningen, det outplånliga forsandet
rörelsen, det som sker, det som
tas tillbaka, det som togs tillbaka sker igen.

Träden gråter av lycka när hon kommer hem i gryningen utan att ha blivit anfallen, rosens skarpa doft i dessa andetag som bär henne uppför backen mot höghusen vars ryggrad stolt bär människorna inuti höghusen.

Tidens förvridning, hon klättrade uppför väggarna och stannade vid ett hörn hon var inte besatt hon besatt mig, jag tillhör henne det finns en smärtfylld sång som alltid säger sanningen.

Ryggarnas positioner gör att jag går under den obehagliga månen, handen omfamnar nyckeln blodigt. Jag fyller mig med tårar men den tomheten är mer fylld. Min kappa är under ständigt hot. Den röda färgen gnider sig mot halsen och jag drömmer om att röra mig själv. Vilka tänder lyser starkast vid midnatt och gryning.

Storm skriker i hjärnan, måste slå sönder någonting, det är en hinna som bär mig då jag cyklar nerför backen, dess cerisa glans berättar om den plats jag kom att skapas i, skelettet vidgade sig under den pelare som kom att bära mitt namn.

Hyacinter nyfödda skriker. Bär med mig stenar och lägger mina ögon under, svär en ed inför allting levande. Vrider min nacke och gråter genom tårgardinerna. Ser den som gick bakåt och blev ren, det är pazuzu på väggarna. Min ryggrad slutar växa och ser alltet. Begynnelsens foster intill stenhögen, min blick under.

Det rinner ut stjärnpartiklar från mattan, den blev sitt namn i
futuristiska Rawanduz. Jag placerar där mina upphetsade kroppar.
Floden är blodet är barnets hud fylld till brädden.

Ben böjda som tårar. Iklädda de täta trådarnas byxor, hör hur regnet faller mot de jättelika löven, trummorna kräver sin tystnad. Halsen bär parfymen, frambringar osynligt blixtrande. I månens sken vi darra av njutning, i en bråkdels sekund är vi alla fria.

Jag håller mina händer som tidigare generationer. Rör mig under stridsvagnen, min kropp under sängen, drömmer och är död i drömmen, sover och drömmer levande och död, jag drömmer och är död i drömmen.

Det är en position på stolen eller soffan som gör att de blinkande nerverna faller som tunna lakan över hjärnan och man kastas tillbaka till hur den lilla äter inlagd mango med ägg och tomater utanför huset. Maten i munnen. Runt området placerar sig en aureola.

A Note on the Translation

In her 2018 review of Iman Mohammed's *Bakom trädet ryggar*, poet Anna Hallberg writes, "Swallow its lines as you would smooth lozenges and feel how they explode in your body: hard, soft, awful, gorgeous, rare, mundane, enormous, ugly, exact, verdant, human…" As if on film, the frame rate of these explosions cannot be predicted: here, the film stock slithers quickly past the lens; there, it slows, slackens, even dissolves. The audio is distorted, diegetic but askew, sometimes traveling from a distant *elsewhere* or *-when*, at other times sounding out of sense memory: snowballs down slopes, serrated blade of a knife sawing through bread. Metal click and whirr of an elevator descending. The nearly inaudible murmur of the tough and tender corporeal material before you; suddenly, a gust of heat or hatred, love or snow, and that material is set in motion.

These poems zoom in and out, linger and hurry. We read through the gaze of a drone, alongside the acute sensory apparatus of a roving speaker, a girl-child in a classroom who notes, steadily, "blood ran like quivering Rorschach." *Behind the Tree Backs* shows how memory is a membrane that renders notions of temporality nearly redundant: what matters is the quivering palimpsest which emerges in the chronic double- (triple-, quadruple-) exposure of *then* and *now*, *there* and *here*. Experience is riddled with traces of what was, what is, even what will be. Memory is not afforded the privilege of remaining in the past: it is a current event.

I have translated Iman Mohammed's work nearby the poetics of writers such as Theresa Hak Kyung Cha, Etel Adnan (Mohammed is one of her Swedish translators), and Mei-mei Berssenbrugge. I have interrogated any impulse I may have felt to domesticate, stabilize, explain — invocations of state-imposed linguistic regimes which demand my disobedience in the face of the murderous logics of forever war, mass displacement, and structural racism. I have done my best to translate in solidarity with Mohammed's unflinching poetics, which lay bare the rugged terrain of individual and collective memory, revealing again and again a phenomenological architecture of experience with poems strung together through soil, skin, tongue, "convergences / undertow of hair beneath water." Today, it is as if I am exiting a matinée after years in a darkened movie theater: the senses recoil, I am unsure if time has been suspended or rushed ahead into the future. My eyes attempt to adjust to this new light, it seems my gaze may never be the same.

— Jennifer Hayashida
Stockholm, November 2021